ЦЕПОЧКА СОЗДАНИЯ СТОИМОСТИ МАЙКЛА ПОРТЕРА

Разблокируйте конкурентное преимущество вашей компании

ЦЕПОЧКА СОЗДАНИЯ СТОИМОСТИ МАЙКЛА ПОРТЕРА

Разблокируйте конкурентное преимущество вашей компании

написанный Xavier Robben
в переводе Nastia Abramov

ЦЕПОЧКА СОЗДАНИЯ СТОИМОСТИ МАЙКЛА ПОРТЕРА

КЛЮЧЕВАЯ ИНФОРМАЦИЯ

- **Наименования:** цепочка создания стоимости, цепочка создания стоимости Майкла Портера.

- **Применение:** повышение конкурентоспособности, снижение затрат, увеличение создания стоимости.

- **Почему она успешна?** Она может быть адаптирована к любому типу бизнеса, значительно повышает эффективность работы и состоит из ряда четких, четко определенных шагов.

- **Ключевые слова:** конкурентное преимущество, создание ценности, аналитический инструмент, подразделение деятельности.

ВВЕДЕНИЕ

История

Профессор Гарвардской школы бизнеса Майкл Е. Портер (родился в 1947 году) известен своими работами по конкурентной стратегии, конкурентоспособности и экономическому развитию наций, государств и регионов.

В 1980-х годах он начал изучать концепцию конкурентного преимущества и разработал ряд стратегических теорий в книге *"Конкурентное преимущество: Создание и поддержание превосходных результатов"* (1985). Многие из этих теорий были быстро взяты на вооружение предприятиями, стремящимися улучшить свои результаты.

По его словам, компании достигают превосходства за счет владения конкурентными силами, известными как "пять сил Портера". Это ключевая концепция современного менеджмента, которую Портер раскрыл в книге *"Конкурентная стратегия: Techniques for Analyzing Industries and Competitors* (1980; переиздано с новым введением в 1998 году).

Определение модели

Цепочка создания стоимости – это ряд действий, которые выполняются для того, чтобы доставить ценный продукт или услугу на рынок.

Любая компания, ассоциация или организация, создающая стоимость и желающая повысить свою конкурентоспособность, может использовать цепочку создания стоимости для достижения своих целей. Эта модель позволяет предприятиям анализировать каждый из видов своей деятельности, чтобы максимально улучшить каждый этап, тем самым максимизируя свои конкурентные преимущества. Цепочка создания стоимости является ценным инструментом в стратегическом управлении, поскольку она работает над позиционированием продукта или услуги на рынке.

Цепочка создания стоимости преследует три основные цели:

- улучшать услуги

- сократить расходы

- создавать ценность.

ТЕОРИЯ

СОЗДАНИЕ СТОИМОСТИ

Прежде чем развивать конкурентное преимущество, компании должны понять концепцию создания стоимости. Это аналитическая система, предназначенная для разбивки различных функций компании и изучения их стоимости с целью максимально эффективного распределения ресурсов по всей цепочке. Это позволяет стратегически позиционировать продукты на рынке на основе их стоимости или дифференциации.

Расходы могут быть снижены за счет:

- оптимизация производственного процесса;

- приобретение сырья по более низкой цене;

- новаторство;

- работа над функциональностью продукта для большей дифференциации;

- повышение качества производства;

- улучшение обслуживания клиентов;

- сокращение сроков доставки за счет хорошей организации логистики.

Эффективный анализ различных функций компании может повысить производительность и привести к устойчивому и прибыльному росту.

КОМПОНЕНТЫ

Модель Портера включает девять основных функций, генерирующих стоимость, которые делятся на две категории:

* Существует пять основных видов деятельности, которые непосредственно влияют на добавленную стоимость конечного продукта. В эту категорию входят виды деятельности, связанные с входящей логистикой (1), операциями (2), исходящей логистикой (3), маркетингом и продажами (4) и услугами (5).

* Существует четыре вспомогательных вида деятельности, которые косвенно участвуют в создании конечной добавленной стоимости. Это деятельность, связанная с инфраструктурой компании (1), человеческими ресурсами (2), технологическим развитием (3) и закупками (4).

👁 ВЫБОР ДЕЯТЕЛЬНОСТИ, СОЗДАЮЩЕЙ СТОИМОСТЬ

Выбор деятельности, создающей стоимость, основывается на трех критериях:

Опираются ли они на разные экономические механизмы?

Составляют ли они значительную часть расходов?

Влияют ли они непосредственно на конкурентное преимущество?

Портер представляет бизнес с помощью простой диаграммы, в которой основные виды деятельности расположены вертикально, а вспомогательные – горизонтально. Маржа представляет собой разницу между конечной стоимостью продукта и общими затратами, связанными с ним (создание, запуск и т.д.). Размер маржи зависит от конкурентного преимущества каждой из девяти функций бизнеса. У каждой компании есть своя диаграмма, которая зависит от множества различных факторов, включая ее характер, отрасль, позиционирование и эффективность.

 # КОНКУРЕНТНОЕ ПРЕИМУЩЕСТВО

Конкурентное преимущество компании над конкурентами можно увидеть, сравнив их цепочки создания стоимости. Качество деятельности оказывает прямое влияние на затраты, удовлетворенность клиентов и размер маржи. Анализ функции не всегда дает положительный результат, так как может оказаться, что некоторые функции потребляют стоимость или генерируют меньше стоимости, чем конкуренты компании.

Основные виды деятельности

Основная деятельность – это основные функции, организованные в компании. Они вносят непосредственный вклад в создание продукта, маркетинговую деятельность, политику продаж, доставку конечному потребителю и послепродажное обслуживание. Хотя не все предприятия работают одинаково, большинство из них осуществляют эти пять основных видов деятельности:

- **(1) Входящая логистика** относится к процедуре приобретения ресурсов, включая сырье, получение этих материалов, ввод запасов и т.д.

- **(2) Операции** включают в себя использование сырья, производство товаров, проверку качества, упаковку, техническое обслуживание и т.д.

- **(3) Исходящая логистика** включает в себя вывод запасов, подготовку заказов, доставку дистрибьюторам и конечным потребителям и т.д.

- **(4) Маркетинг и продажи** включают продвижение, коммуникацию, ценообразование, рекламу, управление каналами распределения и т.д.

- **(5) Услуги** включают ремонт, техническое обслуживание, послепродажное обслуживание и т.д.

👁 ВЗАИМОСВЯЗЬ ОСНОВНЫХ ВИДОВ ДЕЯТЕЛЬНОСТИ

Эти виды деятельности не являются независимыми друг от друга, и хороший контроль одного компонента может оказать положительное влияние на другие элементы цепочки. Различные функции взаимосвязаны, что может привести к ряду последствий при изменении видов деятельности. Эти связи, которые часто остаются незамеченными, играют важную роль в управлении затратами и конкурентными преимуществами.

Вспомогательная деятельность

Вспомогательная деятельность способствует бесперебойному ведению операций, позволяя компании осуществлять и координировать свою основную деятельность с целью достижения максимальной эффективности. К ним относятся:

- **(A) Инфраструктура компании**, которая включает общее, финансовое и административное управление, юридический отдел и отделы, отвечающие за планирование, контроль качества и т.д.

- **(B) Человеческие ресурсы**, которые занимаются подбором персонала, обучением, процессами вознаграждения, управлением навыками, организационной структурой, бонусной политикой, увольнениями и т.д.

- **(C) Исследования и разработки** включают в себя выбор исследований и технологий, способность к инновациям, разработку продуктов или услуг, безопасность продукции, управление патентами и т.д.

- **(D) Закупки (или снабжение)** включают методы приобретения сырья, поиск поставщиков, переговоры с поставщиками, аренду помещений и т.д.

Вспомогательная деятельность может влиять на некоторые из основных видов деятельности. Однако, хотя описанные выше функции являются общими, они присутствуют не в каждой компании.

 # ИСПОЛЬЗОВАНИЕ ЦЕПОЧКИ СОЗДАНИЯ СТОИМОСТИ

Теоретически, предпочтительно, чтобы компании использовали цепочку ценности Портера перед выбором стратегии и позиционирования для каждого продукта. Однако на практике это не всегда так.

АДАПТИРУЕМАЯ МОДЕЛЬ

Определяя эту концепцию, Портер подчеркивает настоятельную необходимость индивидуального подхода. Он советует компаниям сначала выбрать короткую или длинную цепочку создания стоимости, в зависимости от важности или отсутствия важности определенных видов деятельности. Иногда также необходимо реорганизовать цепочку создания стоимости, чтобы выделиться на фоне конкурентов. Наконец, Портер указывает, что ключ к конкурентному преимуществу лежит как в реорганизации, так и во взаимосвязи различных видов деятельности. Действительно, если один из видов деятельности развивается независимо от других, может возникнуть дисбаланс между различными компонентами, который порождает новые затраты.

 # ПРИЛОЖЕНИЯ ДЛЯ ПОСТАВЩИКОВ УСЛУГ

Хотя терминология, используемая для представления этой концепции, связана с производством продукции (“хранение”, “производство”, “ремонт” и т.д.), цепочка создания стоимости работает так же хорошо с компаниями, предоставляющими услуги.

ОГРАНИЧЕНИЯ И РАСШИРЕНИЯ

ОГРАНИЧЕНИЯ И КРИТИКА

Несмотря на то, что модель Портера была разработана еще в 1980-х годах, она остается актуальной и сегодня и по-прежнему предоставляет необходимые инструменты для компаний, стремящихся увеличить добавленную стоимость своей деятельности и снизить производственные затраты. Тем не менее, несмотря на свою неоспоримую эффективность, цепочка создания стоимости имеет определенные ограничения и все чаще подвергается критике.

Во-первых, реализация этого метода относительно длительна и сложна:

- объем данных, необходимых для использования цепочки создания стоимости, огромен и зачастую труднодоступен;

- слишком большое поле для интерпретации, что может повредить анализу и исказить конечный результат;

- отсутствие точности может повлиять на анализ.

Во-вторых, стремление удержать конкурентное преимущество на рынке заставляет компании проводить политику управления затратами, что само по себе является одним из основных ограничений модели. Если все компании будут использовать эту стратегию управления затратами, цены будут становиться все ниже и ниже, но компании не могут снижать затраты бесконечно.

В-третьих, трудно определить концепцию создания стоимости, связанную с этой цепочкой, поскольку стоимость воспринимается разными экономистами по-разному:

- Неоклассическая экономика (начало [19] века) основана на субъективной полезности или относительной ценности, связанной с обменом и необменом издержек производства. Другими словами, ценность продукта зависит от ценности другого продукта на том же рынке.

- Этому противостоит классическая экономика (между 1760 и 1848 годами, во Франции и Англии), которая воспринимает стоимость как абсолютную и определяемую в зависимости от характеристик объекта.

Модель Портера, по-видимому, ближе к неоклассической мысли и основана на интерпретации воли клиента. В более широком смысле, его критики обвиняют его в общем недостатке ясности и точности в его определениях и считают, что его теории не хватает эмпирических данных, которые были бы необходимы для ее обоснования.

Ограничения и критические замечания, изложенные выше, не являются исчерпывающим списком, и многие согласны с тем, что основы цепочки были дополнены работами других менее известных экономистов. Однако, несмотря на то, что цепочка создания стоимости, безусловно, должна использоваться с осторожностью, она остается жизненно важным инструментом в управлении компанией.

СВЯЗАННЫЕ МОДЕЛИ И РАСШИРЕНИЯ

Пять сил Портера

Майкл Портер всегда пытался разобраться в вопросах, связанных с конкуренцией. За несколько лет до публикации своего исследования о цепочке создания стоимости он понял, что конкурентная структура компании слишком узко определена. Он также создал модель "пяти сил Портера", которую можно использовать для поддержания конкурентного преимущества и обеспечения долгосрочной прибыльности. Этими силами являются:

- **Конкуренция в отрасли.** Компании в одном секторе борются за сохранение своих позиций.

- **Переговорная сила поставщиков.** Чем мощнее поставщик, тем больше он может навязать условий (цена, качество, количество). Для менее влиятельных поставщиков справедливо обратное.

- **Переговорная сила клиентов.** Они предъявляют требования к цене, обслуживанию и качеству, что в свою очередь влияет на прибыльность рынка.

- **Угроза появления новых участников.** Это зависит от факторов, включая размер рынка (экономия от масштаба), стремление к диверсификации бизнеса, стоимость входа, доступ к сырью и техническим стандартам. Новые конкуренты неизбежно нарушают иерархию участников рынка.

- **Угроза продуктов-заменителей.** Они представляют собой альтернативу рыночному предложению и, как правило, имеют лучшее соотношение цены и качества.

На каждый компонент этой модели косвенно влияет закон и нормативные акты, установленные государственными органами.

ПРАКТИЧЕСКОЕ ПРИМЕНЕНИЕ

СОВЕТЫ И РЕКОМЕНДАЦИИ

В отличие от общего бухгалтерского учета, цепочка создания стоимости не является юридически обязательной, однако она остается важным инструментом корпоративного управления. Хотя возможен ряд различных подходов, крайне желательно использовать традиционный шестиэтапный метод, описанный ниже.

Настройка анализа

Первый этап заключается в определении области, которую необходимо исследовать. Это требует хорошего понимания производственного процесса в соответствии с цепочкой создания стоимости и выявления всех связей между различными видами деятельности. Следующий шаг — определение начальной точки (поставщики сырья) и конечной точки (склад готовой продукции или клиент) общих процессов компании.

Составление схемы текущей цепочки создания стоимости

Это предполагает составление репрезентативной цепочки создания стоимости компании от А до Я, не забывая включать все различные этапы. Как правило, эти этапы иллюстрируются квадратами, запасы изображаются треугольниками, а передачи – стрелками.

Эта упрощенная цепочка создания стоимости может представлять собой центральную закупку (1), которая отправляет товары на склад для закупки (2). Затем товары отправляются в цех (3), где проходят контроль качества (4), после чего поступают на склад готовой продукции (5). После того как продукция заказана, она поступает в зону распределения (6).

Сбор достоверных данных

Этот этап направлен на сбор соответствующей информации обо всех видах деятельности и связях, а также на проверку ее достоверности. Данные, которые необходимо собрать, будут отличаться для разных компаний в зависимости от их структуры и сектора. Например, сервисная компания не озабочена производственными процессами, в отличие от промышленной компании. Промышленные предприятия должны больше узнать о длительности цикла деятельности, количестве работников, необходимых для каждого этапа, расстоянии и времени перемещения между каждым этапом, стоимости деятельности, эффективности используемого оборудования, оборачиваемости запасов, стоимости активов, соотношении бракованной продукции и т.д.

Представление диаграммы и данных

Затем полезно обсудить планируемую цепочку создания стоимости с заинтересованными людьми. Например, у рабочих следует спросить их мнение о схеме производства. На самом деле, члены команды могут иметь другое представление о процессе компании, и консультации с ними могут исправить любые аспекты, которые были неправильно истолкованы. На этом этапе рекомендуется добавить в диаграмму продолжительность выполнения и продолжительность оценки. Первая оценивает время, необходимое для завершения процесса, а вторая – время для включения ценности. Сравнение этих двух данных поможет выявить области для улучшения.

Реструктуризация цепочки создания стоимости

Пятый шаг предполагает изучение списка вопросов, составленного в 1999 году Майком Ротером и Джоном Шуком. Ответы на эти вопросы позволяют компании пересмотреть и, возможно, перепроектировать цепочку создания стоимости. Восемь тем, затронутых этими двумя экономистами, направлены на обеспечение конкурентного преимущества, и цель этого этапа состоит в том, чтобы изменить или устранить виды деятельности, которые создают незначительную или нулевую ценность. Чем ближе период исполнения к периоду разработки, тем больше компания преуспела в сокращении ненужных трансфертов. После установления оптимума (или баланса) наступает время представить компанию через реструктурированную цепочку создания ценности.

Майк Ротер и Джон Шук задают восемь вопросов:

- Какова продолжительность цепочки создания стоимости?

- Хранится ли продукция на складе или отправляется прямо в отгрузочный отсек?

- На каких участках цепочки создания стоимости вы можете использовать непрерывную потоковую обработку?

- Где вам понадобится использовать систему вытягивания супермаркета?

- В какой точке производственной цепочки ("процесс кардиостимулятора") вы будете планировать производство?

- Как вы будете совершенствовать производство?

- Как вы будете планировать процесс установки кардиостимулятора?

- Какие соответствующие усовершенствования процессов потребуются?

 # Толкать и тянуть

Толкающие и тянущие потоки – это потоки товаров, продукции или других компонентов, вытекающие из прогнозов. Тянущие потоки определяются прогнозами, в то время как толкающие потоки генерируются заказами клиентов.

После того как вы ответили на эти вопросы, важно:

- количественно оценить конкурентное преимущество на основе конкурентной цепочки создания стоимости на рынке;

- объединить различные активы компании;

- оценить деятельность, создающую стоимость;

- учитывать, что конкурентное преимущество возникает не только от выполнения каждого вида деятельности, но и от связей между ними.

Планирование действий по улучшению

После того как компания определила виды деятельности, которые можно улучшить, она должна найти необходимые средства для повышения эффективности своей работы. Для этого рекомендуется взять за основу переработанную диаграмму и перечислить все задачи девяти видов деятельности (основных и вспомогательных). Начиная с поставщиков и заканчивая первыми изменениями, компании придется на каждом этапе заново проводить последующий анализ, отталкиваясь от исходной точки. Действительно, один переделанный вид деятельности может оказать влияние на другие из-за связей между ними, и эти изменения могут повлиять на цепочку создания стоимости компании.

Успех этого цикла анализа, в котором отправная точка всегда одна и та же, основан на четырех правилах:

- процесс является непрерывным и соблюдает производственный цикл;

- цепь позволяет осуществлять простой и эффективный контроль производства;

- компания получает выгоду от улучшения управления расходами и заказами;

- скорость выполнения увеличивается, а объем хранимого запаса уменьшается.

Советы

Цепочка ценности Портера – распространенный инструмент в области менеджмента, но неправильное его использование может снизить его эффективность. Наиболее распространенными ошибками являются:

- Неточность при определении масштабов цепочки создания стоимости.

- Разработка цепочки создания стоимости на основе диаграммы, искажающей взаимосвязи между видами деятельности.

- Пропуск одного из этапов цепочки создания стоимости. Поэтому крайне желательно физически проследить путь продукта в компании, начиная с запасов сырья и заканчивая отгрузкой готовой продукции, чтобы убедиться, что каждый этап полностью включен в анализ.

ТЕМАТИЧЕСКОЕ ИССЛЕДОВАНИЕ – ПРОМЫШЛЕННАЯ КОМПАНИЯ

Контекст

Хотя модель Портера не ограничивается промышленными компаниями, мы решили использовать пример сталелитейной компании, которая включает в себя длинную цепочку создания стоимости. Эта сталелитейная компания упорно боролась за то, чтобы стать лидером мирового рынка. Помимо слияний и других приобретений, ее способность к адаптации сделала ее лидером в своем секторе. Компания использовала различные методы для совершенствования управления бизнесом, включая цепочку создания стоимости.

Основным видом деятельности компании является сборка различных машин и инструментов, которые могут нарезать тонкую резьбу на стальных трубах. Собранные вместе, они позволяют клиентам добывать газ или нефть.

Компания закупает сырье (сталь и чугун) и детали на условиях аутсорсинга у различных поставщиков. Закупленные материалы хранятся до перенаправления в сортировочный центр, где они должны пройти проверку на соответствие требованиям. После проверки они хранятся в помещении, называемом "склад компании". Затем детали отправляются в мастерскую. Для этой компании управление запасами является сложной задачей, поскольку только 80% деталей идентичны от одной машины к другой. У клиентов есть свои трубки, и устройства должны быть способны к ним приспосабливаться. Производство продукции – очень сложный процесс, занимающий от четырех до шести месяцев. После завершения производства машины хранятся на складе, а затем проходят ряд испытаний, чтобы убедиться в их правильной работе. Затем их упаковывают, чтобы минимизировать повреждения, и транспортируют в конечный пункт назначения. Кроме того, компания занимается ремонтом плохо откалиброванного, неисправного или устаревшего оборудования.

Этот производственный процесс, разработанный более 25 лет назад, используется и сегодня, хотя в нем произошли некоторые изменения. Компания реорганизовала свою структуру, чтобы улучшить результаты, несмотря на сложность и высокую стоимость этой работы. Это было необходимым решением для компании, чтобы сохранить свое положение мирового лидера в отрасли.

Реорганизация цепочки создания стоимости в компании

Для проведения полного анализа своей организации компания привлекла внешнюю команду квалифицированных экспертов в области управления:

- Работая с менеджерами, они начали с составления схемы деятельности для анализа и выбора начальной точки (получение сырья) и конечной точки (доставка клиентам). Однако было необходимо связать пятый основной вид деятельности с третьим, поскольку после ремонта машин в пятом виде деятельности они перенаправляются заказчику.

- Затем они разработали цепочку создания стоимости, обращая внимание на этапы (квадраты), запасы (треугольники) и транспортировку (стрелки).

- Затем внешняя команда подготовила 20-страничный вопросник для сбора точных данных по сферам деятельности компании. Сначала менеджеры и их инженеры ответили на вопросы, относящиеся к их сфере деятельности. Затем, чтобы проверить и скорректировать данные, эксперты предоставили эту информацию всем работникам. Их комментарии уточняли ранее представленные ответы. Внешняя команда также оценила продолжительность времени выполнения и восстановления, чтобы выявить потенциальные причины задержки: после сравнения полученные данные позволили предположить, что время выполнения слишком велико.

Ответы на вопросы Ротера и Шука позволили экспертам выявить различные недостатки цепочки создания стоимости компании. Компания обнаружила, что:

- Конкурентное преимущество компании в цепочке создания стоимости обусловлено эффективным управлением запасами сырья.

- Ее активы в основном основывались на производственных затратах, связанных с отличной рабочей силой и производительностью машин.

- Было два пункта для потенциального улучшения, один на производственном уровне, другой на организационном. Первый показал, что большое количество машин не соответствовало требованиям клиентов, а второй — что время между этапами и складскими помещениями было слишком большим.

- Многие детали ломались в процессе производства. Это было связано не с ошибками производства, а с покупками, сделанными дальше по цепочке, а точнее, с аутсорсингом.

После усовершенствования цепочки создания стоимости, предоставленной экспертами, компания отметила три основных изменения:

- сокращение времени изготовления машины;

- снижение производственных затрат;

- улучшение поставок готовой продукции, которая в большей степени соответствует ожиданиям клиентов.

Проанализировав различные производственные маршруты, компания смогла улучшить некоторые виды деятельности, чтобы оптимизировать результаты и сохранить лидирующие позиции на рынке.

Причины глобального лидерства

- **Координация действий с клиентами.** Основная проблема, с которой столкнулась компания, заключалась в недостаточной точности выполнения заказов клиентов. Станки должны были нарезать резьбу на имеющихся в цехе трубах, даже если диаметр трубы не всегда соответствовал требованиям заказчика. Затем они должны были возвращаться на предприятие для корректировки. Эта очевидная организационная проблема была решена путем строительства склада, предназначенного для труб клиентов. Теперь станки могут работать точно, и компания больше не беспокоится о рекламациях.

- **Организация компании.** Вначале компания была небольшим предприятием с несколькими сотрудниками. С годами количество заказов росло в геометрической прогрессии. Компания росла постепенно, увеличивая площади складов и количество помещений, отведенных под мастерские и офисы. Когда первый местный филиал стал слишком мал для проведения операций, компания построила второй, затем третий, где бережно хранились сырье и готовая продукция. Эксперты отметили, что транспортировка тяжелых грузов между первым помещением (используемым для производства) и третьим занимала слишком много времени, а чтобы попасть на сборочную линию, запасы должны были пересечь весь цех. Тогда компания решила поменять местами функции первых двух складов. Их расположение в соответствии с рабочим процессом позволило сократить расстояния между цехом, складскими помещениями и центрами сортировки и контроля.

- **Улучшение качества деталей, передаваемых на аутсорсинг**. Данные показали, что было слишком много сломанных деталей, и анализ показал, что в основном они поступали от субподрядчиков из Восточной Европы. Проблема заключалась в качестве их сырья. Чтобы оставаться конкурентоспособной, компания не могла производить эти механические детали самостоятельно или сменить поставщика, поскольку все они были относительно дороже. Чтобы обеспечить качество, компания теперь покупает сырье у поставщиков во Франции, которое она отправляет в Чехию и Польшу для производства своих деталей. Хотя себестоимость выросла, компания теперь выигрывает от сокращения количества заказов.

Без этих значительных изменений компания не смогла бы оставаться лидером мирового рынка. Пересмотр цепочки создания стоимости потребовал принятия сложных решений, которые, несмотря на дороговизну, оказались полезными для всей компании.

РЕЗЮМЕ

- Концепция цепочки создания стоимости, разработанная Майклом Портером, впервые появилась в его книге 1985 года *"Конкурентное преимущество: Создание и поддержание превосходных результатов.*

- Цепочка создания стоимости — это модель управления бизнесом, которая отображает процесс создания стоимости в компании.

- Этот аналитический инструмент позволяет компаниям анализировать всю свою деятельность для выявления и улучшения менее эффективных областей с целью максимизации конкурентных преимуществ.

- Цепочка создания стоимости включает в себя девять видов деятельности, которые можно разделить на две категории: пять основных видов деятельности и четыре вспомогательных вида деятельности.

- Анализ цепочки создания стоимости состоит из шести этапов: определение области для исследования, составление цепочки создания стоимости, сбор и проверка данных, представление данных членам команды для получения их отзывов, реорганизация цепочки и планирование действий.

- Этот инструмент имеет множество преимуществ: он может быть адаптирован для всех типов компаний; он повышает конкурентоспособность; он предоставляет четкие и хорошо определенные шаги для эффективного проведения анализа цепочки создания стоимости и т.д.

- Однако оценка – это длительный процесс, требующий большого количества данных. Кроме того, важную роль играет личная интерпретация, которая может сделать модель менее точной.

- Цепочка создания стоимости может использоваться наряду с другими не менее важными моделями в управлении бизнесом, включая знаменитые "пять сил Портера".

- Цепочка создания стоимости – мощный инструмент, но использовать его следует с осторожностью. Для того чтобы он был эффективным, важно понимать, что каждый анализ отличается от компании к компании.

- Совершенствование цепочки создания стоимости предполагает принятие сложных решений, которые при успешной реализации позволяют компаниям достичь своих целей.

ДАЛЬНЕЙШЕЕ ЧТЕНИЕ

БИБЛИОГРАФИЯ

Хартвич, Ф., Девлин, Дж. и Кормава, П. (2011) Диагностика цепочки создания стоимости в промышленности: Интегрированный инструмент. *Организация Объединенных Наций по промышленному развитию*. [Online]. [Accessed 10 April 2018]. Доступно по адресу: <https://www.unido.org/sites/default/files/2011-07/IVC_Diagnostic_Tool_0.pdf>.

Lachat, D. (2007) Chaînes de valeur, modèles entrepreneuriaux et étalonnage. *Archive ouverte en Sciences de l'Homme et de la Société*. [Online]. [Accessed 10 April 2018]. Available from: <https://halshs.archives-ouvertes.fr/halshs-00124439/>.

Магретта, Дж. (2012) *Метод Майкла Портера*. Montreal: Éditions Transcontinental.

Портер, М. Е. (1998) *Конкурентное преимущество: Создание и поддержание превосходных результатов.* Нью-Йорк: Simon & Schuster.

Портер, М. Е. (2008) Пять конкурентных сил, формирующих стратегию. *Harvard Business Review*. [Online]. [Accessed 10 April 2018]. Available from: <https://hbr.org/2008/01/the-five-competitive-forces-that-shape-strategy>.

Ротер, М. и Шук, Дж. (1999) *Учимся видеть: Картирование потока создания стоимости для увеличения стоимости и устранения MUDA*. Кембридж: Институт бережливого предпринимательства в Бруклине, Массачусетс.

Zeroual, T., Blanquart, C. and Carbone, V. (2011) Supply Chain Management: portée et limites. L'Apport des théories des réseaux. *Les cahiers de recherche de l'ESCE*. [Online]. [Accessed 10 April 2018]. Available from: <https://hal.archives-ouvertes.fr/hal-00595752>.

ДОПОЛНИТЕЛЬНЫЕ ИСТОЧНИКИ

Harvard Business Review. (2011) *HBR's 10 Must Reads on Strategy*. Бостон: Издательство Гарвардской школы бизнеса.

Магретта, Дж. (2012) *Понимание Майкла Портера: основное руководство по конкуренции и стратегии*. Бостон: Издательство Гарвардской школы бизнеса.

Мы хотим услышать от вас!
Оставьте комментарий о вашей онлайн-библиотеке
и поделитесь своими любимыми книгами в социальных сетях!

Издательство гарантирует достоверность опубликованной информации,
что, однако, не может повлечь за собой его ответственность.

Мастер ISBN: 9782808601382

Бумажный ISBN: 9782808602839

Легальный депозит: D/2022/12603/284

Цифровое оформление: Primento,
цифровой партнер издателей.